Beethoven et ses neuf symphonies

Camille Bellaigue

Édition : BoD • Books on Demand GmbH, In de
Tarpen 42, 22848 Norderstedt (Allemagne)
Impression : Libri Plureos GmbH, Friedensallee 273,
22763 Hamburg (Allemagne)
ISBN : 978-2-3225-4314-4
Dépôt légal : Août 2024

BEETHOVEN

ET SES NEUF SYMPHONIES

Beethoven and his nine symphonies, by George Grove, C. B. — London and New-York ; Novello, Ewer and C°, 1896.

Ce livre manquait, et rien n'y manque. Il épuise momentanément un grand sujet, le plus grand peut-être qui s'offre à la critique musicale et la défie. C'est en musicien d'abord, et en musicien consommé, que l'écrivain anglais écrit de musique. Il parle véritablement des symphonies de Beethoven et non point à propos des symphonies ou à côté.

Rien de ce qui les constitue ne lui est étranger ; rien ne lui est indifférent de ce qui les touche. Les étudiant l'une après l'autre et dans l'ordre chronologique, il en considère d'abord l'organisme et comme l'être spécifique : les thèmes, les rythmes, les timbres. Entre ces élémens premiers il observe ensuite quels rapports s'établissent ; quelles réactions, quels développemens s'ensuivent, en quel sens, dans quel ordre et vers quelle fin. Puis, du fond et de la substance même il passe aux accessoires et aux alentours. Il recherche les antécédens, parfois aussi les conséquences. Curieux des origines, il ne l'est pas moins des analogies. Constamment il rapproche et il compare. Commentateur de formes illustres, il aime à s'en faire l'historien, et leur fortune autant que leur beauté l'intéresse. Il n'omet ni une ébauche, ni une copie, ni même une variante, et jusque dans l'essai, l'effort, dans les corrections et les retouches, il épie les secrets du génie et ceux du travail, qui parfois se confondent. Dates de composition et d'exécution, questions de temps et de lieu, mode et format de publication, dédicaces et prix de vente, hasards et caprices, erreurs et retours de l'opinion, tout est consigné, contrôlé dans ce complet répertoire ; pas un détail n'y fait défaut et tous les documens y font preuve. En un mot, l'érudit qu'est M. Grove n'ignore des symphonies de Beethoven rien de ce qu'on peut en savoir.

Tout ce qu'on en peut sentir aussi, l'artiste qu'est M. Grove l'éprouve et le communique. Il écrit ici non seulement de ce qu'il sait, mais de ce qu'il aime, et son livre, non moins qu'un manuel pratique, un scrupuleux inventaire, est une très profonde et très sympathique étude d'art ; par conséquent une étude d'âme aussi. D'une âme humaine d'abord, de l'une des plus grandes qui furent jamais. Puis c'est l'âme de la symphonie, de cet être complexe et vivant, que M. Grove analyse. C'est l'âme enfin de la musique elle-même, c'est la force et la valeur psychique des sons, prodigieusement accrue par le maître des neuf chefs-d'œuvre. Ainsi, technique avec abondance et sûreté, spécifique sans rien d'aride ou d'obscur, cette critique est quelque chose de plus. Psychologique et morale, à travers les formes et les apparences, derrière les moyens et les signes, elle atteint les réalités de la pensée et de la vie. Et ces réalités vivantes, M. Grove, qui les entend si bien, ne se contente pas de les entendre : il les aime et souhaite qu'elles soient aimées. « Que la connaissance de Dieu ne soit pas en nous une simple curiosité, ni une sèche méditation de ses perfections ; qu'elle tende à établir en nous son saint amour[1]. » Puisque Dieu veut être connu ainsi, n'est-ce pas un peu de même qu'il convient de connaître les chefs-d'œuvre entre les chefs-d'œuvre, ceux qui ont mérité d'être appelés divins !

Elles sont neuf, comme les Muses. Comme les Muses, elles forment un groupe immortel, un chœur sacré. Elles ne sont pas seulement le centre ou le sommet d'un art, mais l'un des sommets de l'art humain. On dit : les neuf symphonies, comme on dit : les Chambres de Raphaël, les drames de Skakspeare ou les campagnes de Napoléon. Elles forment un ensemble, une série organique de chefs-d'œuvre. Elles se touchent et se tiennent ; elles se communiquent et ne se commandent pas. Elles décrivent une courbe sans pareille, une prodigieuse ligne de faite. Il en est qui se perdent dans le ciel. D'autres, plus humbles, s'abaissent et s'effacent entre leurs voisines plus illustres ; elles font comme des vallées heureuses entre les pics sublimes et frappés de la foudre. Non seulement elles sont, mais elles vivent, et chacune de sa propre vie. Il en est de riantes ; il en est de douloureuses inconsolablement. Plus d'une, elle aussi vierge et farouche, pourrait dire avec l'une des « Vierges aux rochers » du romancier-poète italien : « Je porte sur mon âme la splendeur des destins grandioses et tristes. » A toutes, riches de vie morale et d'héroïque volonté, siérait pour devise le noble adage du Vinci : « Il n'est pas de plus haute maîtrise que celle de soi-même[2]. » En vérité l'on devrait fêter l'anniversaire des jours où les neuf symphonies de Beethoven ont été jouées pour la première fois. En ces jours- là plus de lumière, plus de joie a été donné au monde ; plus de vie et d'âme s'est exprimé par les sons.

Aidés par un nouvel interprète, vous plaît-il d'interroger une fois encore les neuf sœurs éternellement éloquentes ? Si souvent qu'on les écoute, on n'a jamais fini de les entendre. Aujourd'hui, ce que nous tâcherons de suivre au travers et comme au courant des symphonies de Beethoven, ce sera d'abord la symphonie en soi, puis la vie et l'âme du maître, et ce sera enfin la musique elle-même.

I

La symphonie est le chef-d'œuvre de la musique. Tous les élémens musicaux, excepté la voix humaine, s'y trouvent réunis. Rien ne s'y rencontre qui soit autre chose que musical. Ainsi la symphonie est à peu près toute la musique et elle n'est que musique. Intellectuelles et sensibles, toutes les beautés de l'art sont rassemblées en elle. Elle est la volupté de l'oreille et la joie de l'esprit. Il n'y a pas un genre, pas un type musical qui n'aboutisse à la symphonie, comme les fleuves à la mer. De tous elle est la somme et l'épanouissement. A la fugue elle emprunte la logique et la raison ; elle en brise la contrainte, mais elle en garde la discipline et ne fait que changer la servitude aveugle en cette obéissance éclairée et volontaire à des lois supérieures, qui constitue la véritable liberté. Aussi purement musicale que la sonate et le quatuor, la symphonie a sur l'une et l'autre le double avantage des timbres plus variés et de plus vastes proportions. La sonate est belle, mais d'une beauté pour ainsi dire encore solitaire. Admirable est le quatuor, la forme par excellence de la musique *de chambre,* ainsi qu'on nomme cet art profond et caché. Le groupe musical du quatuor peut se comparer au groupe social de la famille ; mais la symphonie est plus largement représentative. Plus fraternelle que le concerto, où domine une voix, un principe d'individualité et d'égoïsme, la symphonie est l'universel et l'unanime concert. Il semble que les choses mêmes y prennent part et que le bois, le métal n'y devienne sonore que pour unir la musique de la nature à la musique de l'humanité.

Or, dans cet ordre ou cette catégorie, celle des chefs-d'œuvre, Beethoven a créé les chefs-d'œuvre par excellence. Son génie est en quelque sorte à deux degrés. Les plus beaux sons parmi ceux qui ne furent point proférés par des lèvres humaines, c'est Beethoven qui les a fait entendre. Oui, même aujourd'hui, plus de soixante ans après que Beethoven est mort, c'est encore, toujours Beethoven. Tandis que la musique de théâtre s'est trois ou quatre fois renouvelée, l'idéal de la symphonie, qu'il a fixé, demeure. Nul n'y atteint ; les plus grands en approchent, mais de le déplacer les plus téméraires ne se flattent pas encore. On voit très bien ce que depuis Beethoven la symphonie a perdu ; je défie qu'on me montre ce qu'elle a gagné. Comment s'étonner alors si le mot seul de symphonie, quand on parle de Beethoven, prend un sens et comme un son nouveau ?

De la symphonie, Beethoven a tout renouvelé. Je n'y vois pas un élément qu'il n'ait accru, élevé à une puissance et comme promu à une vie supérieure.

Beethoven d'abord a fait l'orchestre plus nombreux. A l'orchestre de la symphonie *Jupiter*, de Mozart, il ajoute dès sa première symphonie une flûte et deux clarinettes ; dans la symphonie en *ut* mineur apparaissent pour la première fois les trombones, la petite flûte et le contre-basson. Après avoir augmenté le nombre des instrumens, Beethoven les classe et les distribue. Il partage son orchestre sans l'affaiblir ni le disperser. Il y multiplie les ouvertures et les jours, mais il ne laisse pas un vide, pas un trou s'y creuser. Entre les groupes ou les familles sonores, soit qu'il les rassemble, soit qu'il les oppose, il n'établit que des rapports très simples, essentiels, toujours les plus logiques et les mieux fondés sur la nature des timbres. L'orchestre de Beethoven est plein sans être massif ; l'abondance et la variété des détails n'y couvre jamais le plan général et le grand parti pris. Mais au sein de cette hiérarchie et de cet organisme, Beethoven suscite et crée parfois des personnalités nouvelles. Il donne à certains instrumens un emploi dont jamais ceux-ci n'avaient paru capables ou dignes. Le cor prend dans Beethoven un accent et une couleur inconnus. Il n'est plus seulement le cor dont le son « est triste au fond des bois » ; il s'élève au-dessus de sa spécialité forestière ou chasseresse ; il devient une voix plus profonde et tout intérieure. Ce n'est pas une chasse qu'il sonne dans le grave trio de la symphonie en *la*. Un mystère, mais un mystère de l'âme, est en lui quand il plane pendant seize mesures de rêve sur l'*adagio* de la neuvième symphonie. C'est à lui enfin qu'appartient presque tout entier le *trio* de la symphonie *Héroïque*. Là surtout l'instrument a pris une voix humaine, la voix de la chair et du sang. Les dernières mesures en particulier sont d'une poésie étrange, et Beethoven n'a rien de plus sérieux, de plus profond que cette tenue de cors, où il a su véritablement faire entrer quelque chose d'étrange, quelque chose de l'infini et de l'éternité.

Beethoven donne l'expression, que dis-je, l'éloquence, à des instrumens encore plus rudimentaires et jusqu'aux timbales elles-mêmes. Dès l'*andante* de la première symphonie, il les accorde comme on n'avait pas fait encore ; il essaie leurs notes attentives et solennelles ; il les prédestine à leur fonction et à leur dignité future, et dans la quatrième symphonie en *si bémol*) il déploie leur magnificence sombre. Dans la seconde reprise du premier morceau, la merveilleuse rentrée du thème principal se prépare, se développe et se consomme sur un roulement de timbales tel que jamais on n'en avait entendu ; mais dans l'*adagio* surtout rayonne, presque divine, la beauté d'un dessin, ou d'une « figure » de timbales. Ici, pas même un roulement : un simple accent, un appui régulier de la dominante sur la tonique. Cet accent, lorsque les timbales l'empruntent aux autres instrumens, prend un caractère de gravité sans pareille. Çà et là, tandis que chante l'auguste mélodie, qui n'est, comme nous le verrons, qu'un cantique d'amour, les timbales interviennent ; c'est elles qui semblent rythmer de leurs pulsations puissantes le cours d'une vie heureuse et d'une sereine pensée ; elles qui creusent le plus avant l'abîme mystérieux du rêve et l'abîme aussi d'une âme, la plus profonde peut-être d'où jamais se soit exhalé un soupir.

Autant que de sonorités, Beethoven est un grand créateur d'harmonies. Tout élément symphonique s'est accru par lui.

Par lui les rapports se sont multipliés non seulement entre les instrumens, mais entre les notes elles-mêmes. A ce double point de vue, — et naguère nous avons tenté de le montrer[3] — la symphonie de Beethoven est beaucoup plus largement sociologique ou sociale que celle de Haydn et même de Mozart. La société des sons, celle des accords et celle des timbres, est chez Beethoven une société fort complexe et pour ainsi dire avancée, où des relations très nombreuses, très délicates souvent, sont réglées par des lois en même temps infaillibles et libérales. A qui donc une symphonie de Beethoven, après une symphonie de Haydn ou de Mozart, n'apporterait-elle pas le témoignage immédiat, éclatant, d'une harmonie autant que d'une orchestration enrichie et renouvelée ? Quels accords, pour ne parler que des plus simples, avaient jamais retenti non seulement dans leur plénitude sonore, mais dans la totalité de leur constitution et de leur être harmonique, comme certains accords de Beethoven : les deux premiers accords de la symphonie *Héroïque*, les accords hachés ou plutôt sabrés à grands coups d'archet de la symphonie en *ut* mineur ou de la symphonie en *la*, les accords à plein orchestre du début du finale de la symphonie en *ut* mineur ? Il n'est pas jusqu'aux premiers accords de la première symphonie qui ne firent dans leur nouveauté sensation et même scandale. La critique n'admit pas tout d'abord qu'une symphonie soi-disant en *ut* osât commencer par un accord dissonant du ton de *fa*. D'autres « fautes » du même genre, toujours contre l'harmonie, ne furent pas seulement blâmées : on les corrigea. M. Grove a rappelé, après

Berlioz, comment Fétis modifiait l'harmonie de Beethoven. Dans l'*andante* de la symphonie en *ut* mineur, lors de la variation en triples croches des altos et violoncelles, au-dessus de l'accord de sixte : *fa — si bémol — ré bémol*, il arrive que les instrumens à vent tiennent un *mi bémol* d'un effet original et délicieux ; Fétis bravement le remplaça par un *la*, se refusant à croire Beethoven capable d'une aussi grossière erreur. Une autre erreur, et de la même « grossièreté », se trouve dans le célèbre passage du premier morceau de l'*Héroïque*, où le cor fait entendre les quatre premières notes du thème, celles de l'accord parfait de *mi bémol*, sur deux notes, données par les violons, de l'accord de dominante. On sait qu'à la première répétition. Ries, assis à côté de son maître, ne put s'empêcher de relever avec une vivacité malencontreuse la dissonance inattendue ; on sait aussi comment, d'un revers de main, Beethoven le releva lui-même encore plus vivement.

« Cette harmonie était contraire à toutes les règles de l'époque. Elle était absolument fautive. Qu'elle est belle cependant ! Comme elle est bien en situation ! Et que la poésie en est profonde ! L'héroïque mouvement des basses est achevé, nous laissant en des régions étranges et lointaines. Le tumulte du jour s'est apaisé ; peu à peu tout s'est éteint. Les cors, les autres instrumens à vent complètent la sensation enchanteresse. Partout semble tomber un crépuscule magique. Enfin tous les instrumens suspendent leur bruissement mystérieux. On n'entend plus que les violons, aussi doux que possible, frissonnans et comme endormis, lorsque là-bas s'élève et flotte un soupir de cor, semblable à quelque fragment incohérent d'un songe. C'est un de ces manquemens à la vie réelle qui ne nous étonnent jamais lorsque nous dormons. Il n'en faut cependant pas davantage pour rompre le charme ; comme par miracle tout a changé ; nous sommes rendus à la pleine lumière du jour, à toutes nos facultés, et nous nous retrouvons nous-mêmes, chez nous, dans le sujet et dans la tonalité du commencement. »

Interprétation arbitraire, diront quelques lecteurs de cette page. Non, mais interprétation intelligente, et qui sans rien contrarier ou contraindre seulement du texte musical, dégage tout ce que peut contenir et signifier de nouveau, dans une symphonie de Beethoven, un détail, que dis-je ? une faute d'harmonie.

Pénétrons plus avant. Derrière l'harmonie, derrière l'instrumentation, allons chercher le fond ou l'âme de la symphonie. Cette âme, qui est l'idée ou la mélodie, nous la trouverons elle aussi renouvelée. Il n'y a pas moins de distance de la mélodie de Haydn à celle de Beethoven, que de l'orchestre de l'un à celui de l'autre. Beethoven est le plus grand des musiciens parce qu'il a formé les plus admirables combinaisons avec les élémens en eux-mêmes les plus admirables, parce qu'en ses symphonies la beauté particulière, et pour ainsi dire individuelle, est égale à la beauté, qu'elle engendre, de la somme ou de l'association.

A la mélodie même de Bach, la mélodie de Beethoven est supérieure sinon peut-être par l'abondance, au moins par la liberté, par un caractère aussi plus constamment humain et vivant. Vivant, humain, il sait l'être, le vieux et sublime cantor, mais parfois on dirait qu'il s'abstrait de l'humanité et de la vie. Sa mélodie alors se dépouille et s'idéalise jusqu'à ne plus former qu'une sorte de figure graphique. A l'infini elle déploie dans le temps ses rythmes invariables, et ses lignes arrondies ou brisées dans l'espace. Elle est un mécanisme surtout logique, une création toute spirituelle, une œuvre, un chef-d'œuvre même, mais de la raison pure. Elle éclate aux esprits. La mélodie de Beethoven éclate tout d'abord aux âmes. Elle les remplit d'allégresse ou de deuil, mais c'est toujours les âmes qu'elle remplit. Avant la beauté rationnelle, la beauté passionnelle y surabonde. Le maître que fut Bach n'est pas seulement le *dominus*, mais le *magister*. De la musique entière il apparaît comme je ne sais quel instituteur prodigieux. De là parfois en sa mélodie un peu de raideur ou de sécheresse trop classique, quelque chose qui sent l'exercice et l'école. La mélodie de Beethoven, au contraire, ne respire jamais que la vérité et la vie.

Elle vivait déjà, la mélodie, et d'une vie légère, exquise, dans les innombrables symphonies de Haydn, dans la symphonie en *sol* mineur de Mozart, celle qui commence par un si mélancolique sourire. Mais à ce début même, peut-être sans égal avant Beethoven, comparez un début comme celui de la symphonie en *mi* mineur. « C'est le destin, disait Beethoven, qui frappe à la porte. » C'était plus que son destin à lui : c'était le destin de son art. C'était la mélodie par lui démesurément accrue et fortifiée, et sous le choc des quatre notes formidables sont tombées les portes de l'avenir.

Il arrive quelquefois à Beethoven d'emprunter une idée mélodique. Il prend, pour rendre au centuple. A Mozart il dérobe le motif de l'ouverture d'une opérette de jeunesse, *Bastien et Bastienne,* pour en faire le premier morceau de la symphonie *Héroïque*. On trouve dans un recueil de chants croates des thèmes presque identiques à certains thèmes de la symphonie *Pastorale* (premier morceau et finale). Il est vrai qu'en l'espèce on ne sait pas trop si les mélodies originales furent celles de Beethoven ou les autres[4]. Le motif du trio de la symphonie en la a été reconnu par l'abbé Stadtler pour un hymne de pèlerins très répandu dans la basse Autriche. Enfin le finale de la huitième symphonie pourrait bien n'être que le développement, la splendide expansion du finale de certaine symphonie de Haydn en *sol* majeur. Elle était si familière à Beethoven, que le thème du *largo* se retrouve dans ses œuvres jusqu'à cinq fois.

Qu'il se l'approprie ou qu'il la crée lui-même, la mélodie de Beethoven ne jaillit jamais, comme on pourrait le croire, spontanément et d'un seul coup. Les carnets d'esquisses du maître attestent avec une éloquence inattendue, parfois douloureuse, l'opiniâtreté, l'angoisse même de ses recherches et de ses efforts. Sur de méchans cahiers, mal cousus, d'un papier gris et grossier pareil à du papier à chandelles, le promeneur solitaire et farouche écrivait à la hâte, à l'aventure, et comme à des lueurs d'éclairs. Il écrivait, puis effaçait, puis récrivait pour effacer encore, ébauchant presque toujours plusieurs œuvres en même temps. C'est ainsi que, dans un des carnets les plus importans, les esquisses de la seconde symphonie se trouvent mêlées à celles de trois sonates pour piano et violon et de trois sonates pour piano seul. De la huitième symphonie (premier morceau et finale) les esquisses abondent. Le début même de la symphonie en *ut* mineur a été cherché longtemps. Ce thème, « le plus fameux qui soit au monde », cet éclat soudain qui paraît involontaire et presque arraché comme un cri, Beethoven ne l'a pas fixé du premier coup dans sa brutalité foudroyante. On ne trouve en aucune des versions préparatoires le point d'orgue de la seconde et de la quatrième mesure, cet arrêt après cet élan, après cette explosion ce silence, d'un effet si puissant et si nouveau.

Mais il n'est pas de motifs que Beethoven ait plus longuement élaborés et préparés de plus loin que ceux de la symphonie avec chœurs. Ils jalonnent son chemin tout entier, ou plutôt ils sont les sommets, éternellement contemplés, qui dominent son horizon. Dans un cahier d'esquisses de 1815 apparaît le thème du scherzo ; vers 1818 celui du trio, que dès 1802 le *trio* de la seconde symphonie semble contenir en germe. Le thème du finale surtout s'annonce fréquemment. Il flotte autour de Beethoven, il l'inquiète et l'obsède. L'*Ode à la Joie*, de Schiller, avait toujours été l'un des poèmes favoris du maître. En 1798, entre l'esquisse d'un rondo et celui d'une sonate, on rencontre pour la première fois « les paroles sacrées ». En 1811, Beethoven les note à deux reprises ; plus tard il y revient encore, et peu à peu se forme et se cristallise en sa pensée, la plus vaste et pour ainsi dire la plus générale de ses mélodies. Un finale tout entier — et quel finale ! — en est issu. Seule elle le contient, le supporte et le développe. Son identité mélodique persiste sous toutes les variations instrumentales de l'immense polyphonie. « Beethoven, a très bien dit Wagner, a affranchi cette mélodie de toutes les influences de la mode, de tous les caprices du goût. Il a voulu qu'elle représentât le type de la pure, de l'éternelle humanité. » Si Beethoven en a tiré tout un finale, Wagner en a déduit tout un système de musique dramatique. On cite toujours le *leitmotiv* de l'*Ode à la joie* — car c'en est un et le premier de tous — comme la pierre angulaire de l'édifice wagnérien. Quelle autre mélodie eut jamais de telles destinées ? On a vanté la fortune de certaines idées musicales : le début de la symphonie *Héroïque*, emprunté par Beethoven à Mozart, et que Schubert et Brahms devaient imiter à leur tour. Mais de la mélodie finale de la neuvième symphonie, c'est tout un ordre nouveau qui est né. Goethe l'eût rangée parmi les « Mères ». Wagner aurait pu l'appeler *Urmelodie*, la mélodie primordiale, car elle est véritablement à l'origine d'un monde.

A la mesure et sous l'effort du génie de Beethoven, la symphonie entière s'est agrandie. En cet admirable et souple organisme, tout a prêté, rien n'a rompu. Des quatre parties qui la composent, la moindre n'est pas celle qui s'est le moins transformée. Du menuet de Haydn et de Mozart, le scherzo de Beethoven est sorti. Même rythme, même division en deux parties ; la lettre subsiste, mais l'esprit s'est renouvelé. Une danse élégante s'est changée en un poème intérieur ; quelque chose de vif et d'aimable en quelque chose de profond, parfois sublime. Avant Beethoven, avant sa troisième symphonie (l'*Héroïque*), le *scherzo* — dans la pleine acception du mot — n'existe pas. Le *scherzo* de l'*Héroïque* est le premier de « ces grands mouvemens » créés par Beethoven et *beethoveniens* entre tous, où se mêlent, avec une puissance inconnue jusqu'alors, la tragédie et la comédie de la vie. Un seul est une danse encore : celui de la symphonie *Pastorale*. Mais quelle danse, et de quels danseurs ! Rappelez-vous le hautbois lâché à travers la seconde reprise, le basson grotesque et le *trio* raclé avec une sorte de fureur. Que sont devenus les menuets d'autrefois, et, sur les parquets luisans. les pas comptés et les démarches légères ! *Nunc pede libero pulsanda tellus.* Pour le rude Flamand qu'était Beethoven, d'origine sinon de naissance, pour le compatriote et l'égal de Rubens et de Téniers, la danse est autre chose qu'un plaisir et presque un cérémonial mondain : elle est le mouvement instinctif et joyeux, l'ébat naturel de l'animal humain bondissant dans sa force et dans sa liberté.

Le plus considérable des *scherzos* de Beethoven est celui de la neuvième symphonie, celui qu'on a défini avec justesse « un miracle de répétition sans monotonie », celui dont Rossini disait en souriant, après la première audition de la symphonie avec chœurs au Conservatoire : « Je ne connais rien de plus beau. Moi-même je n'en ferais peut-être pas autant. » Mais le plus extraordinaire de tous est le *scherzo* de la symphonie en *ut* mineur. Il a d'abord ceci de particulier, qu'il s'enchaîne avec le finale et qu'au milieu du finale il revient encore. Mais ce ne sont là que des particularités extérieures. La nouveauté véritable est plus au fond, dans le sentiment et l'âme même du prodigieux chef-d'œuvre. Un *scherzo* (le nom l'indique) est en général quelque chose d'animé et d'allègre. C'est ici quelque chose de sombre : d'abord un appel mystérieux et lié par les archets lourds ; puis une triple réplique et comme un rauque aboiement des cors. À ces pressentimens et à ces menaces, le *trio* répond par un accès de formidable gaîté, par un éclat de rire de géant. Mais après la colossale ironie, revient, remonte encore l'obscure tristesse. Elle a seulement changé d'accent : au *legato* succède le *staccato*, le *pizzicato*, toutes les accentuations légères. Les cors cèdent la place aux clarinettes, aux hautbois, aux violons plus agiles. Les notes se détachent, crépitent et grésillent. Plus rien de soutenu, presque plus rien de sonore. Tout décroît, s'amincit jusqu'à n'être plus qu'un souffle, mais un souffle d'épouvante ; et jamais moins de bruit n'a fait plus peur. Au bout de soixante-dix mesures dans le ton d'*ut* mineur, les basses inopinément donnent un *la* bémol ; les timbales établissent une pédale d'*ut* au rythme irrégulier, et « par ce changement brusque, aussi grandiose au moins que le début de l'orage dans la symphonie *Pastorale*, commence la transition miraculeuse du *scherzo* au finale. » Peu à peu les élémens désagrégés se cherchent et se réunissent. Toute force et toute vie se répare. Il n'y a pas dans la nature, dans les paysages de montagnes, un défilé comparable à celui-là ; pas un aussi radieux passage de l'ombre à la clarté. Il n'y en a pas non plus dans l'ordre de l'esprit ni de l'âme, et c'est un symbole sans pareil de relèvement et de résurrection, que ce *scherzo* défaillant, brisé, qui se ranime, s'élance et court s'abîmer dans le finale éblouissant.

On ne saurait assez le redire, en chacun des morceaux de la symphonie il n'est pas d'élément ou de force que Beethoven n'ait accrue. L'introduction, la seconde reprise, la *coda*, ont pris avec lui des proportions extraordinaires. Beethoven ne nous introduit pas de même dans toutes ses symphonies. Il y en a, comme la symphonie en ut. mineur, la symphonie en *fa*, où il nous jette brusquement. Mais celles qu'il veut préparer, comme il les prépare ! Tantôt (voyez l'*Héroïque*) il lui suffit de deux accords. Tantôt (c'est le cas de la symphonie *Pastorale*) il insinue le thème doucement. Le début de la première symphonie est peu de chose. Celui de la symphonie avec chœurs n'est pas à proprement parler une introduction, mais plutôt une période de pressentiment, de trouble et d'inquiétude, d'où jaillit en un terrible unisson le thème formulé enfin. Il n'est d'introduction véritable qu'à la seconde symphonie, à la quatrième, et surtout à la symphonie en *la*, celle de toutes que Beethoven a le plus magnifiquement annoncée. Au seuil d'aucune autre il ne nous a demandé un tel recueillement, une aussi longue retraite, comme si l'heure était venue de confidences plus que jamais sacrées et de paroles encore inouïes. « Cela commence, par un bref accord de *la* à plein orchestre, qui distille[5] une mélodieuse phrase de hautbois tour à tour imitée par la clarinette, le cor et le basson. » Oui, cette phrase perle véritablement ; et la métaphore du critique anglais convient à l'introduction tout entière. Rares ou multipliées, précipitées ou lentes, que ce soit d'une chute pesante ou légère, les notes ici tombent goutte à goutte et se suivent non seulement égales mais transparentes. Qu'il est pur, ce *mi* répété jusqu'à soixante-trois fois, invariable et solitaire ! On ne sait trop d'abord quel accord va refléter la note de cristal et si elle sera tonique ou dominante. Elle se fait dominante enfin, et détermine sans raideur, avec une indolence exquise, la tonalité de celle de toutes les symphonies que Beethoven a voulu nous laisser le plus attendre et désirer.

Après de tels départs, quelles courses fournit Beethoven ! Pas plus que de pareils exordes, on n'avait encore idée de semblables développemens. C'est une grande loi de la musique, qu'un thème, une mélodie, ne reçoive la vie que pour la transmettre et la distribuer. A peine créée, il faut qu'elle engendre, qu'elle se multiplie et renaisse en des formes non pas identiques, mais similaires, qui participent et procèdent de son être. Cette puissance génératrice est l'essence même non seulement de la symphonie, mais de toute musique pure. C'est pour l'avoir incomplètement possédée qu'un Schubert, un Schumann, sont inférieurs à

Beethoven ; c'est parce qu'il la possède en sa plénitude, qu'un Beethoven est supérieur à tout autre. Supérieur à Bach lui-même, chez qui l'évolution de la pensée, fût-elle colossale, garde souvent quelque chose de trop rigoureux et d'un peu mécanique. Elle est plutôt organique chez Beethoven, en cette première partie de la seconde reprise, que les Anglais appellent, — d'un mot plus expressif que notre mot « développement », — le *working-out*. Ici encore c'est le principe de la fugue gui continue d'agir, mais d'une action intérieure, un peu à la manière du sang invisible sous l'épiderme. Ici l'élaboration n'est pas seulement intellectuelle, elle est aussi morale. En même temps qu'une idée se développe, une volonté s'exerce et s'efforce, résiste et combat. Les *working-out* de Beethoven ressemblent à des conflits douloureux, quelquefois atroces. Celui du premier morceau de l'*Héroïque* a été très bien décrit par M. Grove. « Après un essai de fugue, pour indiquer ce dont il est capable en ce genre, Beethoven fait voir qu'il n'est point en humeur de pareils jeux. Ailleurs il aura le loisir de s'amuser au contrepoint ; ici sa passion est trop forte. Sa pensée est tout pour lui ; les moyens ne lui sont rien. Cette courte promesse de contrepoint est brusquement emportée dans une explosion de rage qui forme le centre du mouvement tout entier, et où les plus irréconciliables dissonances, les dislocations de rythme les plus obstinées forment ensemble un tableau d'opiniâtreté et de fureur. Il y a là de quoi briser toute autre poitrine que celle du héros gigantesque dont Beethoven entend faire le portrait. Et certainement ce héros est beaucoup moins Bonaparte que Beethoven lui-même.

Un tel passage, long de trente-deux mesures, est absolument du Beethoven ; il n'y avait rien de pareil dans l'ancienne musique, et il était impossible que cela fût compris par les critiques d'alors, lesquels ne regardaient qu'aux notes et jugeaient seulement selon les règles des sons, au lieu de s'attacher à ce que les sons signifient. »

Admirable aussi d'obstination, le *working-out* de la huitième symphonie, qui s'achève dans une furie, une folie presque intolérable de redites et de redoublemens. Mais nul autre n'est égal au *working-out* de la symphonie avec chœurs. Beethoven ici brise en deux le thème fondamental, et de l'un et de l'autre débris il tire un ordre, un monde nouveau. D'une simple figure de quatre doubles croches, il fait une mélodie régulière et pour quelque temps autonome. Quant à l'arpège descendant et rude de l'accord parfait, sorte de chute ou d'écroulement de note en note qui forme le début même de la mélodie, c'est là qu'il faut regarder pour voir « comment le grand musicien-poète sait traiter un sujet avec son propre cœur. Assurément, dans la musique entière, il n'y a rien de plus noble que ce thème grandiose qui se laisse tomber par intervalles simples du haut de l'accord parfait jusqu'en bas, accompagné d'une seul *pizzicato* des basses... Et certain *la bémol* introduit par Beethoven ajoute ici comme une dernière touche extraordinairement pathétique. Sans exagération, et comme on l'a dit de certain demi-ton dans une ouverture de Haendel, ce *la bémol* vaut tout un monde. » Il faut suivre dans le texte de M. Grove, éclairé de citations nombreuses, le développement de ce motif de quatre doubles croches. Fugué, contrepointé doublement, les divers instrumens s'en emparent, l'abandonnent et le reprennent tour à tour. Tantôt Beethoven le traite comme un élément de pure logique, tantôt il lui communique une vie morale et une mélodieuse douceur. Jamais de moins de notes, mais plus longtemps poursuivies et plus ardemment aimées, l'insatiable génie n'a exigé ni obtenu davantage. Et de cet incomparable développement le critique anglais a finement saisi le caractère particulier. Au milieu de cette énergie et de cette passion, il signale des relâches, des rémissions qui surprennent et attendrissent. C'en est une, et des plus touchantes, que le *la bémol* indiqué plus haut, qui fait dévier le thème superbe du côté de la mélancolie et de la tendresse. « Au cours du *working-out* de ce premier morceau, tout auditeur sincère reconnaîtra je ne sais quelle hésitation et quel trouble qu'on ne sent point ailleurs. Certaines notes de flûtes ou de hautbois tremblent comme feraient, sur des lèvres humaines, des soupirs montés d'un cœur oppressé. Il n'est pas besoin de spécifier de tels passages ; ils frappent l'auditeur sympathique ; ils attestent, soit dit sans irrévérence, que le grand Beethoven, avec tout son génie, était parfois dominé par ses pensées au point de ne plus trouver un mode d'expression qui les égalât. Et ces traits d'humaine faiblesse ne sont pas les moins précieux à la sympathie affectueuse des amis et des admirateurs du grand poète. »

Beethoven enfin, dans ce premier morceau de la neuvième symphonie, a décrit tout entier l'orbite de sa pensée sonore. Il arrive à la reprise (*resumption*) du sujet intégral. C'est la *coda*, cette dernière partie transformée et étendue par lui non moins que l'introduction et le développement. Le thème primitif reparaît, mais non plus tel qu'il s'était présenté pour la première fois. Vague et mystérieux tout à l'heure, à l'unisson et mineur, il se déchaîne maintenant à pleine harmonie, à plein orchestre, et conclut en majeur. La mélodie a rempli son dessein, achevé sa mission, assuré son propre triomphe. Plus d'incertitude ni d'angoisse. Elle se ramasse, se précipite et se déploie. Et cependant, au cours de cette péroraison, Beethoven va trouver à nous dire des choses qu'il n'avait pas dites encore. Il nous confiera je ne sais quels secrets non plus d'impatience et de colère, mais d'amertume et de tristesse, d'une tristesse tendre et presque féminine. Avant de se ressaisir lui-même, avant de finir avec sa noblesse et sa puissance coutumière, il fléchira, ne fût-ce qu'un instant. Et ce sera assez de cet instant de détresse, de cette défaillance passagère, pour voiler d'une ombre, pour faire plus que toute autre plaintive et touchante la coda du premier morceau de la dernière symphonie.

Une heure ne suffirait pas pour commenter la *coda* du premier *allegro* de l'*Héroïque*. « Longue de cent quarante mesures, belle de fraîcheur et d'originalité, elle rejette dans l'ombre tout ce qui avait été fait jusqu'alors. Le début restera l'un des miracles de la musique tout entière. Quel dut être à l'origine, en 1805, l'effet de pages comme celles-là, si aujourd'hui encore, connues et familières, après tout ce que Beethoven a écrit depuis, après tout ce qu'ont écrit les Schubert, les Mendelssohn, les Schumann, les Wagner, les Brahms, elles demeurent extraordinaires de hardiesse et de poésie ! Une telle *coda* est autre chose que la péroraison indifférente d'un morceau qui aurait aussi bien pu s'achever autrement ; c'est une partie essentielle du poème musical, et c'est comme telle que nous devons l'entendre. »

Mais la plus belle de toutes les *codas*, la plus hautement significative et symbolique est celle du dernier morceau de l'*Héroïque*. Elle ne consiste pas dans les dernières mesures *presto*, mais dans le *poco andante* qui précède. Je ne connais pas dans les symphonies de Beethoven un autre exemple de *coda* lente. Et ce ralentissement ne fait que redoubler, à la fin de la symphonie, l'impression de la grandeur et de la force. On n'a pas toujours aperçu le rapport de ce finale avec le reste de l'œuvre, avec la première partie et la marche funèbre. On n'a pas assez compris que la symphonie trouve là son couronnement nécessaire, l'idée sa consommation et le héros son apothéose. Après l'*allegro* du finale, un peu sec et de nerveuse allure, qu'il est beau l'*andante* élargi et débordant ! Comme il élève toujours plus haut, sur les houles toujours plus fortes des triolets et des syncopes, le thème qui monte vainqueur ! Il monte lentement, délivré non seulement de la fièvre et du trouble, mais de la hâte même de vivre. Il vit maintenant de la vie supérieure, de la vie totale, patiente parce qu'elle est éternelle. Tout est oublié, tout a disparu : les efforts, les combats du premier morceau ; le deuil, les regrets et les pleurs de la marche funèbre. La mort même est vaincue, et le thème entre à jamais dans la plénitude et l'immutabilité de son être. C'est pourquoi cette *coda* lente est si belle, et belle comme ne l'est pas une autre. Plus que pas une autre elle est une fin, la fin dernière, diraient les théologiens, de cette créature sonore qu'est la symphonie, et que Beethoven a faite la sœur des créatures que nous sommes, arrivant comme nous par une vie éphémère et variable à la vie qui ne change et ne passe pas.

II

Voilà l'être que par Beethoven est devenue la symphonie. Regardons maintenant l'homme à travers son œuvre, et quel apparaît, dans les neuf symphonies, l'être que fut Beethoven lui-même. Toutes témoignent de son âme, mais toutes ne racontent pas sa vie. Il en est une au moins, étrangère, contraire même aux circonstances dans lesquelles elle fut composée, et Beethoven, si grand ailleurs pour avoir dit sa peine, est grand ici pour l'avoir cachée. La seconde symphonie, en *ré*, n'est qu'un héroïque mensonge, un mensonge joyeux, car elle est une œuvre de joie née en des heures de souffrance. C'était à la fin de l'année 1802. Beethoven venait de passer l'été et l'automne aux environs de Vienne, en ce vallon de Heiligenstadt qu'il aimait. Là, dans un accès de désespoir, il avait écrit à ses frères la lettre connue sous le nom de « Testament de Heiligenstadt » et qui est le plus déchirant des aveux, des adieux et des appels. Aveu de misère physique et d'infirmité, de cette surdité dont à trente-deux ans Beethoven endurait, depuis six années déjà, l'atroce et presque humiliante ironie. Appel, ardente adjuration aux hommes, qui la méconnaissent, et à Dieu, qui la connaît seul, d'une âme naturellement inclinée à la bienveillance et avide d'amour, enfermée par la honte d'un mal qu'il faut cacher, dans la solitude et la pudeur farouche. Adieu enfin à toutes les illusions et à tous les rêves, à toute douceur de la vie fraternelle et du commerce humain. « Comme les feuilles d'automne tombent et se flétrissent, telles se sont flétries mes espérances. Comme je suis venu, je vais partir, et le sublime courage qui souvent m'inspira dans les jours brillans de l'été s'est évanoui... O Providence ! ne feras-tu pas qu'au moins un jour de joie soit mien, puisque depuis si longtemps le son de la *joie* véritable m'est devenu étranger ! » C'est Beethoven qui souligne ici le mot joie. A l'époque de la seconde symphonie il l'appelle, il l'espère encore, cette joie, dont le désir est si long à mourir en nous. Vingt ans plus tard, il y aura renoncé pour lui-même, et dans le finale de la symphonie avec chœurs, il ne la demandera plus que pour l'humanité.

La joie, qui dans ce cœur jeune et sombre n'habitait déjà plus, chante tout le long de la symphonie en *ré*, œuvre souriante de Beethoven malheureux.

La symphonie en *ré* ne renferme pas une seule mesure de désespoir. Elle respire la confiance et le contentement. Tout y est lumière : les trilles brillans de l'introduction, le thème du premier morceau et ses développemens faciles, sans contradiction ni combat. Le *larghetto* est beau de je ne sais quelle nonchalante beauté ; c'est un dialogue de voix pures échangeant de calmes paroles ; pas une de ces demandes n'est inquiète, pas une de ces réponses désolée. En nul *andante* de Beethoven, des formes plus souples ne s'inclinent sous des souffles plus indulgens ; en aucun autre plus de jours ne s'ouvrent sur un horizon plus serein. Le finale achève le contraste entre l'œuvre et ce que Taine appelait « le moment ». Si douloureuse qu'ait été cette période de la vie de Beethoven, sa musique n'en a rien trahi, et cette fois le génie du maître n'a pas voulu servir son désespoir.

Deux ans plus tard, en 1804, le trait le plus saillant, le fond et comme l'essence de sa nature morale se révèle dans la troisième symphonie, l'*Héroïque*. Elle est la seconde œuvre de Beethoven qu'il ait lui-même intitulée. La première est la sonate *Pathétique*. On sait de quel héros Beethoven s'était inspiré ; on sait également qu'après avoir consacré son œuvre au premier Consul, il la reprit à l'Empereur. Aussi bien elle ne pouvait appartenir à un seul, si grand qu'il fût. La symphonie *Héroïque* est capable de l'humanité tout entière. Représentative de tous les héros, elle l'est d'abord de celui que fut Beethoven. « Le héros, a dit profondément Carlyle, peut être poète, prophète, roi, prêtre, selon l'espèce de monde dans lequel il se trouve naître. Je le confesse, je n'ai aucune connaissance d'un homme vraiment grand qui n'eût pu être toutes sortes d'hommes. Le poète qui ne pourrait que s'asseoir sur une chaise et composer des stances, ne ferait jamais une stance de grande valeur. Il ne pourrait chanter le guerrier héroïque, s'il n'était lui-même au moins un guerrier héroïque aussi[6] ». Beethoven l'a été lui-même, cet héroïque guerrier. Il l'a été plus que tout autre grand musicien. Beethoven a été ce héros chaque jour, à toute heure d'une vie disputée sans relâche à la douleur et au désespoir. Il a eu « le grand cœur, l'œil clair qui voit profondément. » Il a eu aussi la grande âme qui veut invinciblement. En ses admirables pages sur la musique à propos du héros-poète, si Carlyle n'a pas nommé Beethoven, c'est à Beethoven qu'il fait penser. Il semble que ce soit de Beethoven qu'il parle, et qu'à Beethoven, au seul Beethoven, il applique cette belle définition : « une âme de héros qui a pris forme de musicien. »

S'il convient d'étendre à toute espèce d'héroïsme le sens psychologique et moral de la troisième symphonie, il ne faut pas la tenir pour la seule ni peut-être même pour la plus héroïque des compositions de Beethoven. Sonates, quatuors, symphonies, concertos, l'œuvre entier de Beethoven est traversé d'un souffle de victoire et comme d'un claquement de drapeaux. Mais la première victoire de Beethoven est ici. D'autres, plus tragiques et cruelles, coûteront plus de larmes et de sang ; elles n'auront plus cette alacrité, cette grâce et ce brillant de la jeunesse en fleur. La symphonie en *ut* mineur, ce sera le suprême et terrible triomphe, quelque chose comme Eylau sous le ciel sombre et sur la neige rougie. La symphonie *Héroïque*, c'est la campagne d'Italie, au grand soleil et dans les plaines blondes ; c'est le rayon printanier et le premier sourire de la gloire.

Comparez le commencement de l'*Héroïque* avec celui de l'*ut* mineur. Rien qu'à la différence des deux attaques, on sent déjà que lune et l'autre lutte seront inégalement acharnées et meurtrières. Le début de l'*Héroïque* est une exposition ; c'est une explosion que le début de l'*ut* mineur. Dans l'une la force s'affirme et se définit avant de s'exercer ; dans l'autre, sans préparation et sous la brutalité du premier choc, tout est ébranlé. Rythmique avec carrure, mais sans violence, le thème de l'*Héroïque* est tonal et fondé sur les notes de l'accord parfait. Des accords dissonans. un rythme haché, font l'âpre beauté du premier morceau de l'*ut* mineur. Dans le *working-out* de l'*Héroïque*, Beethoven livre de rudes combats. Il n'a jamais subi de plus furieux assauts que dans le *working-out* de l'*ut* mineur. C'est là qu'il souffre sans merci, qu'il lutte sans trêve, et sans même obtenir un de ces momens de grâce que dans la symphonie *Héroïque* lui laissait un moins implacable destin. Faut-il rappeler la *coda* du premier *allegro* de l'*Héroïque*, la péroraison éblouissante, et les traits ailés escortant, devançant de leur vol le retour du thème vainqueur ? Le finale, jusqu'à l'apothéose suprême, garde le même caractère et le même ressort juvénile. Ici plus que partout ailleurs les thèmes de triomphe ont quelque chose de svelte et de dégagé. Victoire encore une fois, mais première victoire, et comme d'un héros adolescent. Déjà pourtant la maîtrise est parfaite. Le Beethoven de la troisième symphonie est en pleine possession et de son art et de son âme. Chef-d'œuvre esthétique et moral, triple et trois fois sublime représentation d'une intelligence, d'une sensibilité et d'une volonté supérieures, la symphonie *Héroïque* est moins grandiose que la symphonie en ut mineur ; elle n'est pas moins belle, et si Beethoven n'y est pas encore à sa dernière puissance, il y est du moins tout entier.

Entre l'*Héroïque* et l'*ut* mineur, la quatrième symphonie (en *si bémol*) passe trop souvent inaperçue. M. Grove avec justice revendique pour elle notre admiration et notre sympathie. On a quelquefois prétendu que le génie de Beethoven n'avait d'autre sujet, ou d'autre aliment que la souffrance. Cela n'est pas plus vrai de Beethoven que de Shakspeare. Autant que des âmes de douleur, l'un et l'autre ont été des âmes de joie. La quatrième symphonie, comme la seconde, est une symphonie heureuse. Mais elle est quelque chose de plus particulier et de plus intéressant : elle est la symphonie d'amour.

Primitivement ce fut la symphonie en *ut* mineur qui dut succéder à l'*Héroïque*. Beethoven en écrivit en 1805 es deux premiers morceaux, qui sont aussi des pages d'amour, d'un amour orageux et tourmenté. Mais, en 1806, un engagement réciproque parut assurer pour jamais cet amour. Beethoven abandonne alors la composition de la symphonie en *ut* mineur, et de son grand cœur en fête jaillit l'éclatante symphonie en *si bémol*, dont l'*adagio céleste* est le cantique de l'amour heureux.

Amour heureux d'un trop court bonheur, amour pur entre les pures amours de Beethoven, et qui fut pendant quatre ans la source de son génie et la consolation de sa souffrance. Hélas ! que ne put-il être le refuge et le salut de toute sa vie ! La très noble et très fière héroïne de cet amour fut la comtesse Thérèse de Brunswick, celle que Beethoven a nommée et que la postérité nommera toujours « l'immortelle bien-aimée ». Après la mort de Beethoven, on trouva dans ses papiers trois lettres portant cette suscription, sans autre indication de temps ou de lieu que la date des 6 et 7 juillet. Un portrait de femme y était joint, avec une dédicace : « Au rare génie — au grand artiste — à l'homme excellent, » et une signature : T. B. On sait maintenant que le portrait était celui de la comtesse Thérèse et qu'à la comtesse Thérèse les trois lettres furent adressées. Beethoven les lui écrivit de Füred, une petite ville d'eaux de Hongrie. Il y était allé en quittant Martonvasar, le domaine héréditaire de ses amis de Brunswick, où il venait de passer quelque temps, comme il en avait l'habitude, et de se fiancer en secret avec la jeune fille. C'était en 1806, l'année même où fut composée la symphonie en *si bémol*.

Sous ce titre : *L'immortelle bien-aimée de Beethoven*, une amie, presque une fille adoptive de la comtesse Thérèse, a retracé d'après ses propres souvenirs l'exquise figure de femme, inséparable de certains chefs-d'œuvre du maître et, entre autres, de celui qui nous occupe : la quatrième symphonie[Z]. L'auteur de ces précieuses pages n'était qu'une petite fille quand elle vit pour la première fois la comtesse Thérèse, alors retirée du monde, et ne vivant plus que pour la charité. Elle avait la bonté d'une mère avec la grâce d'une fée ; ses yeux étaient profonds, sa voix grave et douce. L'enfant passait de longues heures assise à ses pieds sur un tabouret. Une fois, sous le siège trop rapproché, la robe de la comtesse fut prise et se déchira ; comme l'enfant pleurait : « Ma chérie, lui dit la comtesse en l'embrassant, il ne vaut pas la peine de se désoler pour un accroc à une robe. Garde tes larmes pour les déchiremens de la vie ; peut-être ne te seront-ils pas épargnés. » Et le grand déchirement de sa vie à elle, plus tard, en diverses rencontres, elle le lui raconta. Elle avait chargé sa jeune confidente d'aller tous les ans le 27 mars au cimetière de Waehring, et de déposer un bouquet d'immortelles sur le plus illustre des tombeaux. La première fois que l'enfant s'y rendit, un ami de Beethoven qui vit passer la messagère demanda qui l'envoyait, et, l'ayant appris, murmura : « J'aurais dû le deviner ; il n'y a qu'elle seule de qui des immortelles peuvent venir. » Un autre jour la comtesse ouvrit un coffret devant sa petite amie en lui disant : « Je vais te montrer les trésors de celle qui fut la très haute dame Thérèse de Brunswick. » La cassette renfermait des immortelles encore, avec ces mots écrits sur un feuillet décoloré : « L'immortel à son immortelle — Luigi. » Enfin, en 1861, ce fut sur les sombres fleurs, enfermées dans un sachet de soie blanche, que l'immortelle bien-aimée reposa sa tête pour toujours.

Une aventure d'enfance fut le prologue de cette belle et triste histoire d'amour. En 1794 la comtesse Thérèse avait seize ans. Elle prenait des leçons de piano avec Beethoven, qui était l'ami et le protégé de son frère aîné, le comte François. Un jour, — un jour d'hiver glacial et blanc de neige, — le maître arriva, plus que jamais farouche. Il avait l'œil dur et la bouche méchante. « Avez-vous travaillé votre sonate ? — Oui, répondit l'enfant déjà tout interdite. — Nous allons voir. » Et sous le regard de plus en plus sévère elle se troubla de plus en plus. « En mesure ! en mesure ! » grondait Beethoven, et soudain, frappant avec colère non seulement sur le clavier, mais sur de petits doigts tremblans, il se leva, gagna la porte et sortit dans la tourmente. « Mon Dieu, mon Dieu ! s'écria l'enfant, sans chapeau ni manteau ! » Et pour lui porter l'un et l'autre elle s'élança derrière lui. Au bruit de cette orageuse leçon, la mère était survenue. Que devint la noble dame, en voyant sa fille, la comtesse de Brunswick, dans la rue et courant après un professeur de piano ! Thérèse ne courut pas bien loin ; rejointe en toute hâte, elle dut rentrer, et Beethoven, qui ne s'était pas seulement retourné, reprit des mains d'un domestique sa canne et son manteau. Thérèse n'en fut pas moins envoyée dans sa chambre pour y réfléchir le reste du jour à l'inconvenance d'une pareille démarche, et le seul fruit de ses méditations fut ce peu de mots, qu'on trouve écrits en français presque à chaque page de son journal d'alors : « Mon maître ! Mon maître chéri ! »

Quelque dix ans plus tard, sous les arbres de Martonvasar, le comte François raconta cette histoire à Beethoven. Il lui parla longuement et avec enthousiasme de sa sœur, qu'il adorait ; de sa petite Resi, la franchise et la loyauté mêmes, la bonté, le dévouement et l'amour. Alors les yeux de Beethoven s'ouvrirent. Il vit celle que jusqu'à ce moment il avait à peine regardée. Il reconnut en elle la compagne prédestinée de sa solitude, la créature de paix et de consolation. Et ce fut ainsi que Beethoven aima la jeune fille, un peu comme un autre héros sombre avait aimé la douce Vénitienne, pour la pitié qu'elle avait eue de lui et qu'elle aurait encore, éternellement. « Un soir, a-t-elle raconté, nous étions assis dans le salon ; Beethoven au piano. Pas d'autre étranger que le curé, qui tous les dimanches dînait et passait la soirée avec nous. La lune se leva. C'est ce qu'il lui fallait à lui. François, qui était à côté de moi, me dit tout bas : « Ecoute maintenant, il va improviser. » Si j'écoutai ! — Son visage s'éclaira... D'abord il promena sa main à plat sur tout le clavier. François et moi nous connaissions cela. C'est ainsi qu'il préludait toujours à ses harmonies sublimes. Puis il frappa quelques accords sur les notes basses, et lentement, avec une solennité mystérieuse, il joua un chant de Sébastien Bach : « Si tu veux me donner ton cœur, — Que ce soit d'abord en secret, — Et notre pensée commune — Que nul ne la puisse deviner. » Ma mère et le curé s'étaient endormis ; mon frère regardait devant lui, gravement ; et moi, que son chant et son regard avaient frappée, je sentis la vie en sa plénitude.

« Le lendemain matin nous nous rencontrâmes dans le parc. Il me dit : « J'écris à présent un opéra. La principale figure est en moi, devant moi, partout où je vais, partout où je reste. Jamais je n'ai été à une telle hauteur. Tout est lumière, pureté, clarté. Jusqu'à présent je ressemblais à cet enfant des contes de fées qui ramasse les cailloux et ne voit pas la fleur splendide fleurie sur son chemin. » Deux années passèrent. *Fidelio* parut, et la jeune fille put se reconnaître elle-même dans la sublime héroïne d'amour. Bien des fois encore Beethoven revint chercher le repos à Martonvasar. Il s'y trouvait au printemps de 1806 et c'est alors, a rapporté la comtesse, « c'est alors, au mois de mai, que je devdns sa fiancée avec le consentement de mon seul et bien-aimé frère François. » Mais, avant de solliciter un autre consentement, plus nécessaire et plus douteux, il parut sage de garder le secret et d'attendre que Beethoven — de tels mots près d'un tel nom font sourire — que Beethoven eût une « position ». On répondra peut-être qu'il en avait déjà une. Mais non point telle que l'entendaient jadis, et que l'entendraient encore des parens, surtout de nobles parens, auxquels un Beethoven s'aviserait de demander leur fille.

L'attente dura quatre ans. Facile d'abord et presque légère à Beethoven, bientôt elle lui devint odieuse et peu à peu intolérable. Ame de colère autant que d'amour, ce fut un terrible fiancé. Contre la longue et dure contrainte il se débattait et finit par se révolter. Il en voulait presque à la jeune fille d'une trop sereine patience et d'une fidélité trop résignée. Alors dans ses lettres et dans ses discours des éclairs parurent et la foudre commença de gronder. Elle éclata enfin. Sur les causes et les circonstances de la rupture la comtesse Thérèse garda toujours le silence. Une seule fois, vieillie et malade, et s'entretenant encore avec sa jeune amie, elle lui dit : « Chère enfant, il est une chose, une dernière chose qu'il faut que tu saches bien : le mot de la séparation ce ne fut pas moi qui le prononçai, mais lui... Saisie d'horreur, je devins pâle comme la mort et tout mon corps trembla... » — Ces dernières paroles, ajoute ici la confidente, me furent à peine intelligibles. La comtesse Thérèse était retombée sans connaissance sur ses coussins. J'eus peur, je sonnai une de ses femmes, et je sortis. »

Telle fut la fin de ces fiançailles, sinon de cet amour, car Beethoven, lui non plus, n'oublia jamais.

« Dans la dernière année de sa vie, a raconté l'un de ses amis, j'entrai chez lui à une heure inaccoutumée. Sourd, il ne pouvait m'entendre, et comme il me tournait le dos, il ne pouvait pas me voir non plus. Il était assis. Le jour de la fenêtre donnait sur un portrait qu'il tenait entre ses mains et qu'il embrassait en pleurant. Il parlait avec lui-même, comme il faisait souvent quand il était seul. Il disait : « Tu étais si belle, si grande, si pareille aux anges ! » Pour ne pas être indiscret je me retirai. Lorsque je revins un peu plus tard, je le trouvai à son piano, en train d'improviser magnifiquement : « Aujourd'hui, mon vieil ami, lui dis-je, il

n'y a rien de diabolique sur votre visage. » Il me répondit :
« C'est que mon bon ange m'a visité. »

S'il avait épousé son bon ange, voulez-vous savoir ce qui serait advenu ? — En 1860, à Gmunden, une dame Hebenstreit, qui avait connu Beethoven, disait à ses auditeurs après avoir joué l'ouverture de *Fidelio* : « Le modèle de cette œuvre ou plutôt du personnage de Léonore fut la comtesse Thérèse de Brunswick. Il faut l'en féliciter. Mais quant à épouser Beethoven, c'eût été bien autre chose. Une comtesse, sans fortune, et si belle et si tendre ! Un souffle ! Et lui !... Jésus, Maria ! Un ange et un démon ensemble. Tous les deux auraient été au diable, et son génie à lui par-dessus le marché ! » — La vérité sans doute parlait par la bouche de cette raisonnable dame et, pour une si belle histoire d'amour, de ce dénouement ou de l'autre, c'est l'autre qui fut encore le plus heureux.

Remercions le critique et l'historien d'avoir placé ou replacé la quatrième symphonie dans le milieu et comme dans l'atmosphère morale où elle fut composée. On aime à rapporter une telle œuvre à un tel moment. Ce pur rayon l'éclairé et l'embellit encore. Ainsi la joie, la paix d'amour, et du plus grand amour qu'ait éprouvé Beethoven, est le sujet du second morceau de cette symphonie. Mais n'allons pas trop loin ; craignons d'exagérer et de fausser l'idée même du sujet dans la musique, l'idée du rapport entre la pensée ou la passion, c'est-à-dire la force de l'âme qui s'exprime, et la force sonore, par où elle est exprimée. Que l'*adagio* de la symphonie en *si* bémol soit précisément un hymne d'amour, cela nous ne le savons que par la connaissance historique des conjonctures et des faits. La musique seule ne nous révèle qu'un sentiment ou un état d'âme plus général : le bonheur. Elle témoigne que Beethoven alors était heureux. Heureux comme un Beethoven peut l'être : d'une félicité supérieure, d'une béatitude à la fois passionnée et sereine ; heureux Par son désir sans mesure démesurément satisfait, heureux de toute son âme insatiable et cette fois pourtant rassasiée. Si maintenant, de ce bonheur en quelque sorte impersonnel et comme errant on nous découvre la cause, l'objet, et je dirai presque la direction particulière ; s'il nous est révélé qu'elles allaient, ces mélodies sublimes, vers une créature aimée, une tête charmante, oh ! alors vous devinez — et vous l'éprouverez après avoir lu M, Grove — tout ce qu'à notre émotion, à notre admiration même, une telle découverte peut ajouter désormais,

A la symphonie *Héroïque*, à la symphonie d'amour, succéda la symphonie en *ut* mineur, celle qu'on pourrait nommer, par excellence, la symphonie. Celle-là est le nœud, le centre et le sommet, Beethoven n'y est pas seulement tout entier : il y est pour ainsi dire au comble et au paroxysme. Elle est le plus rude combat et la victoire la plus complète ; plus que toute autre elle est mélancolie et méditation, action et allégresse ; elle est l'angoisse, le trouble, la douleur enfin, et elle est la volonté plus forte que la douleur. Militante, souffrante, triomphante, elle offre au plus haut degré les trois signes de toute vie ; elle comprend en son évolution les trois périodes de toute destinée. Représentation totale et synthèse de Beethoven intime, il reste pourtant quelque chose de lui que le chef-d'œuvre de ses chefs-d'œuvre n'exprime pas : ce sont les rapports de Beethoven avec le monde extérieur. De ces rapports l'œuvre entière du maître ne fournit qu'un témoignage : la symphonie *Pastorale*.

Ces rapports furent étroits et ils. furent constans, Beethoven aima toujours la nature et il aima tout en elle. Une fleur, un nuage suffisait pour le ravir. Le vent, la pluie même ne l'incommodait guère ; il s'y exposait volontiers. Surtout il avait pour les arbres une singulière tendresse. Au moment de prendre possession d'un logis qu'on avait arrêté pour lui, il interpella brusquement le propriétaire : « Eh bien ! et vos arbres ? — Nous n'en avons pas, — Alors votre maison n'est pas mon affaire. J'aime mieux un arbre qu'un homme. » Il estimait que « les arbres, les rochers donnent la réponse que l'homme demande. » Pour lui « tout arbre semblait dire : Saint ! Saint ! Saint ! » Tous les étés il cherchait un asile aux environs de Vienne, dans les vallons boisés de Hetzendorf, de Heiligenstadt, de Döbling, de Mödling ou de Baden. Souvent il était l'hôte de ses amis à la campagne, quelquefois de son frère, à Gneixendorf, « dont le nom, disait-il, crie comme un essieu qui se rompt. » Il sortait dès l'aube, à l'heure matinale qu'il nommait l'heure aux lèvres d'or : *Morgenstunde hat Gold im Munde*. Jusqu'au soir il allait, ou plutôt il courait par monts et par vaux, tête nue, son carnet d'esquisses à la main. La nature alors était son aliment et son breuvage ; c'est vraiment d'elle seule qu'il vivait. Non loin de Gneixendorf, un garçon de labour rentrant une paire de bœufs déliés du joug vit un jour venir à lui un homme qui faisait de grands gestes et poussait des cris. Les bœufs s'effrayèrent, franchirent un talus et prirent leur galop du côté de la maison, où on les arrêta. Quand le bouvier les eut rejoints, il demanda qui était ce fou qui avait fait peur à ses bêtes, et comme on lui répondait que c'était le frère du propriétaire : « Eh bien ! répliqua-t-il, c'est un drôle de frère qu'il a là. »

Paysage unique et, dans l'œuvre presque tout intérieur de Beethoven, seule vision du monde objectif, la symphonie *Pastorale* en est une vision subjective encore. On sait l'épigraphe de la partition : « *Mehr Ausdruck der Empfindung als Malerei*. Expression du sentiment plutôt que peinture. » On sait aussi comment Beethoven a suivi son programme et tenu sa promesse. Excepté le chant des oiseaux, — qui n'est peut-être qu'un jeu, — la danse des paysans et l'orage, la symphonie *Pastorale* est beaucoup plus expressive d'un sentiment qu'imitatrice des choses. Ce sentiment est simple : entendez par là qu'il n'y a pas dans la symphonie *Pastorale* trace d'une interprétation philosophique ou d'un « système » de la nature. Elle ne cherche à traduire que des impressions à la fois élémentaires et immédiates. Entre la nature et l'homme elle n'interpose ni doctrine ni théorie. En outre ce sentiment est doux.

Des grandes symphonies de Beethoven, la *Pastorale* est incontestablement la moins pathétique, la moins violemment émue. L'orage même ne la trouble qu'un instant, et d'un trouble extérieur, physique, dont les profondeurs de l'âme ne sont point agitées. Et cela est admirable. Il est admirable, il est presque touchant qu'une âme aussi passionnée, ardente et douloureuse, une âme qui dans les précédentes symphonies venait de vivre une vie morale aussi intense, qu'une telle âme, au spectacle de la nature, se soit ainsi rafraîchie et apaisée.

> Maintenant que du deuil qui m'a fait l'âme obscure
> Je sors pâle et vainqueur,
> Et que je sens la paix de la grande nature
> Qui m'entre dans le cœur.
>
> Maintenant que je puis, assis au bord des ondes,
> Ému par ce superbe et tranquille horizon,
> Examiner en moi les vérités profondes
> Et regarder les fleurs qui sont dans le gazon...

Tout cela, Beethoven l'a pu tout de suite, et sortant à peine, en quelque sorte, de la symphonie en *ut* mineur, frémissant et chaud encore de la terrible étreinte, il s'est assis, comme le poète, pour écrire la *Scène au bord du ruisseau*.

Rappelez-vous les mélodies de la symphonie en *ut* mineur, ces mélodies âpres ou triomphales, et songez que le premier thème de la *Pastorale*, ce motif engageant et qui sourit, leur a succédé immédiatement. « Quel état, et quel état ! » Musicien romantique, a-t-on parfois appelé Beethoven. En vérité, il est bien autre chose, et il est bien davantage. Le voilà devant la nature, sans colère et sans orgueil. Comme tant d'autres il aurait eu le droit de l'accuser, de ne la regarder du moins qu'à travers ses larmes et de l'en voir obscurcie et voilée. Mais non content de ne la point maudire, il ne l'a même pas attestée. Ne croyant pas qu'elle s'émût de sa souffrance, il ne l'y a pas mêlée. Toujours il est venu, revenu à elle avec la simple confiance et, selon ses propres paroles, « avec la joie délicieuse d'un enfant ». Elle aurait eu beau lui dire : « Mon printemps ne sent pas vos adorations », que toujours au printemps ses adorations fussent restées fidèles. Un des plus nobles traits de la symphonie *Pastorale* est dans ce désintéressement et cet oubli de soi. Elle pouvait être un blasphème ; elle est un cantique et une prière. Simples et doux, les grands cœurs sont ainsi. La douleur ne les fait point ennemis des choses ; tout en les trouvant insensibles, ils leur pardonnent, que dis-je, ils leur savent gré d'être belles et ne se défendent point de les bénir et de les aimer.

Après la symphonie *Pastorale*, il semble que Beethoven soit rentré plus profondément que jamais en lui-même. Il n'en sortit qu'au bout de quatre années (1812). Alors, en moins de six mois, deux symphonies, la septième (en *la*) puis la huitième en *fa*), vinrent mettre pour la première fois dans un jour éclatant un aspect de la nature de Beethoven, sur lequel le commentateur anglais a bien fait d'insister. Beaucoup moins une passion : héroïsme, amour ou joie, qu'une disposition habituelle, un trait de caractère et, comme dit à peu près M. Grove, des manières d'être ou des façons. Les façons de Beethoven étaient de celles que définit le mieux le mot *humour*, à la condition qu'on l'élève à la plus haute puissance, au dernier degré de l'expression. Un fond de jovialité brusque, une verve tourmentée et impétueuse ; une gaîté sans frein et sans égards, des saillies imprévues et de soudaines ruptures ; le goût immodéré des jeux de mots, des calembours, des facéties même ou des « charges » ; quelque chose enfin de trivial et de puissant, à la Shakspeare, dans le débordement et le débridement de la fantaisie, tout cela n'est pas moins Beethoven que la dignité morale, la pureté, la. tendresse, la maîtrise de soi et la patience sublime. Tout cela se rencontre dans sa vie, dans ses lettres, dans ses discours ; tout cela devait se rencontrer dans son œuvre, et c'est tout cela qui fait explosion dans certaines parties de la septième et de la huitième symphonie.

Déjà le premier *allegro* de la symphonie en *la* déconcerte quelquefois par la soudaineté des effets, par l'opposition de l'extrême force et de l'infinie douceur, par des cassures imprévues de tonalité, par l'opiniâtreté du rythme, qui, selon le mot de Wagner, célèbre ici ses orgies. Mais à ce point de vue nouveau, le finale surtout est extraordinaire. Là pour la première fois se fraie un libre cours, un cours torrentiel, l'*humour* d'un Beethoven déchaîné, comme disait Goethe, ou, comme disait Beethoven lui-même et plus familièrement, déboutonné. Rappelez-vous seulement le début de ce finale et, pour entrée de jeu — d'un jeu qui sera rude, — les deux formidables secousses. Puis le premier thème, « étrange, peu sympathique et déjà furieux » ; le second, aigu, hérissé et qui blesse ; enfin le *working-out*, cet accès de gaîté sauvage qui fait penser à je ne sais quels transports de colosse en belle humeur. C'est à nos dépens que le géant s'amuse. En tout ce finale règne un parti pris, une manie, une rage de contrarier et de contredire, de choquer et presque de faire peur. Rien dans la musique ne ressemble plus à la bouffonnerie, au grotesque de Shakspeare que tel ou tel trait de ce finale : le hurlement des dissonances, l'écrasement implacable du temps faible et jusqu'à l'atrocité de certaines sixtes, brutales comme des injures ou des coups de poing.

La huitième symphonie (en *fa*), celle qu'on a souvent le tort d'appeler « la petite », respire en plus d'un passage le même souffle de rude enjouement et d'*humour* terrible. *Humorous symphony*, dit M. Grove. Pour l'entendre ainsi, dès le premier morceau, gardons-nous de nous laisser prendre uniquement à la grâce facile du thème exposé d'abord à découvert. Attendons la seconde reprise ; là, dans le développement, dans la *coda* surtout, nous verrons ce que Beethoven, en veine d'ironie et de sarcasmes, sait faire d'un thème aimable d'abord et rien de plus ; avec quel

acharnement, quelle furie, il le martèle, le pile et le broie ;
quels coups tantôt il assène et tantôt il pousse, et comme il
semble tour à tour s'indigner et se divertir. Quelle boutade
encore que la fin de l'*allegretto scherzando,* de ce morceau
dont Schopenhauer disait qu'il suffit de l'entendre pour
oublier que ce monde n'est que misère ! Est-il possible de
tourner plus court, de conclure avec moins de ménagemens
et d'écraser avec plus de brutalité, comme sous le talon, une
perle aussi rare ? Quant au finale, qui est la partie la plus
importante de la symphonie, il en est aussi la plus
violemment humoristique. Il abonde en saillies, en écarts,
en interruptions outrageantes, en éclats de rire et de colère,
qui font une telle symphonie aussi vraie, aussi ressemblante
à la vie, qu'un drame de Shakspeare.

A la vie, et à la vie de Beethoven. Ces deux symphonies
trahissent Beethoven lui-même, le Beethoven que nous
avons essayé de définir et qui n'est plus le héros, mais
l'homme, surpris dans son existence familière, avec ses
habitudes et ses airs de chaque jour, *moods and manners.* Et
cela est intéressant et cela est extraordinaire. Nos sentimens
en effet ou nos passions supérieures, l'activité, l'énergie, le
trouble même de nos plus hautes facultés morales ; l'amour,
la joie ou la douleur, la lutte héroïque contre la destinée ou
l'apaisement trouvé dans le contact de la nature, on conçoit
aisément que tout cela puisse être l'occasion et la matière
de chefs-d'œuvre : d'une symphonie en si bémol, d'une
symphonie Pastorale, d'une symphonie en *ut* mineur. Il est
plus étonnant que des traits de caractère, — et parfois de

mauvais caractère, — des saillies d'humeur burlesque, triviale et presque grossière, aient servi de sujet à des chefs-d'œuvre égaux. Nous savons que Beethoven ayant reçu de son frère, qui venait d'acheter une propriété, une carte de visite ainsi rédigée : « Jean Beethoven, propriétaire d'un domaine », lui retourna aussitôt sa carte à lui avec ces mots : « Louis Beethoven, propriétaire d'un cerveau. » On raconte encore que le maître allait volontiers dîner dans l'intimité chez son vieil ami de Breuning, et que les jours de pluie il ne manquait jamais, en s'asseyant à table, de secouer sur le couvert et sur la compagnie son large chapeau ruisselant. Et tout d'abord il semble bien que s'il y a là quelque chose d'intéressant pour l'observation morale et la psychologie, il n'y ait rien pour l'esthétique, rien que puisse exprimer la musique et surtout la symphonie. Cela pourtant, ces dispositions et ces particularités de caractère, cela est le fond même et la substance morale de plus d'une page sublime de la symphonie en la ou de la symphonie en *fa*. C'est cela, c'est bien cela que le génie d'un Beethoven, de qui rien d'humain n'est indigne, traduit, transforme, transfigure, et de l'ordre de la vie commune élève à l'ordre de l'idéal et de la beauté.

Quatre ans séparent la sixième symphonie de la septième et de la huitième ; entre celle-ci et la neuvième et dernière (avec chœurs) s'écoulèrent plus de onze années, qui furent pour Beethoven des années de martyre. Il perdit l'un après l'autre ses amis les plus chers et ses plus fidèles protecteurs. Son frère Gaspard mourut, laissant une veuve et un fils de huit ans, dont les intérêts et l'éducation engagèrent le pauvre Beethoven en des querelles et des procès interminables avec une belle-sœur qu'il haïssait. L'enfant d'ailleurs tourna fort mal, et Beethoven n'eut jamais qu'à souffrir, à rougir même de son indigne pupille. Son journal et ses lettres d'alors trahissent constamment sa peine et l'horreur de sa croissante solitude : « Je n'ai plus d'amis, écrit-il, je suis seul au monde... Dieu ! ô Dieu ! mon gardien, mon roc, mon tout !... O toi, Inexprimable, écoute la plus malheureuse de tes créatures ! » Enfin le silence absolu s'était fait autour de lui. Beethoven avait totalement cessé d'entendre Beethoven. Le jour de la première exécution de la symphonie avec chœurs, il se tint à côté du chef d'orchestre pour lui donner les mouvemens, mais pas une seule note, pas un seul applaudissement ne parvint à son oreille. Il fallut qu'un de ses interprètes le tournât à la fin du côté du public et lui fît voir — hélas ! voir seulement — qu'on l'acclamait. En résumé, Beethoven passa ces onze ou douze années « dans l'habitude du désespoir. »

Pourtant, s'il est un mot qu'on pourrait écrire au seuil de la symphonie avec chœurs, c'est le mot d'espérance. Elle regarde tout entière vers l'avenir et vers le bonheur. Je me trompe, non pas tout entière, car le premier morceau, nous l'avons vu, compte encore parmi les plus pathétiques de Beethoven. Reportez-vous à ce que nous avons dit du *working-out* et de la *coda* ; de la *coda* surtout, et de ce court passage, sombre fleur d'amertume et de mélancolie éclose au terme d'un triste chemin. Mais ce fut la dernière plainte que se permit Beethoven, du moins le Beethoven des symphonies. Il détacha ses regards de lui-même pour les élever et les étendre. Celui qui avait en vain demandé à Dieu sa propre joie ne lui demanda plus que celle de ses frères. Celui qui avait mené les héros à la victoire, conduit la danse des paysans et leurs chants de reconnaissance après l'orage, se fit l'interprète et le médiateur de toute l'humanité douloureuse. La neuvième symphonie est un sacrifice et une prière. Il semble que, dans le premier morceau, Beethoven rappelle et rassemble tous les maux qu'il a soufferts, pour acheter de cette offrande expiatoire le bonheur des générations et des siècles à venir. Au point de vue esthétique, au point de vue de l'économie générale et du rapport entre les parties, on peut douter que la dernière symphonie soit la plus parfaite. Un finale avec chœurs ne s'imposait pas comme la conclusion logique et le couronnement nécessaire de trois grands morceaux d'orchestre. A Beethoven lui-même ce finale ne s'imposa point ainsi. Jusqu'au dernier moment le maître n'abandonna pas l'idée d'un finale instrumental. Quelque temps après l'exécution de la neuvième symphonie, il exprimait encore la conviction que le finale avec chœurs était une faute, et parlait de le remplacer par un finale pour orchestre seul, dont il avait déjà trouvé le thème. Mais au point de vue moral, il n'y a dans l'œuvre de Beethoven rien de supérieur au finale de la symphonie avec chœurs. Si le dernier résultat et le miracle suprême de l'art est, comme l'a dit Guyau, « d'enlever l'individu à lui-même et de l'identifier avec tous », voici l'un des sommets sacrés où le miracle s'est accompli. Ici vraiment un seul — et quel était-il ! — s'est donné à tous. Ici le bien et le beau se sont rencontrés et confondus, et le génie s'est fait le serviteur et l'apôtre de l'universelle loi de sympathie, de charité et d'amour. Il appartenait à Beethoven de finir ainsi. Il convenait que cette âme, une des plus fraternelles et des plus généreuses qui furent jamais se déprît d'elle-même et se dilatât jusqu'à contenir l'âme totale de l'humanité.

III

Pour comprendre et sentir ce que Beethoven a fait non pas de l'un des genres ou de l'une des catégories de son art, mais de cet art en général ; à quelle éminente dignité, à quel degré de puissance et de splendeur il a, dans la symphonie et par elle, élevé la musique elle-même, peut-être suffirait-il de rapporter par la pensée les symphonies du maître aux chefs-d'œuvre de ses plus grands devanciers. Sera-ce aux motets de Palestrina ? Prenons garde qu'auprès de Beethoven le pieux maître de Préneste nous paraisse trop uniformément pieux. Sera-ce aux fugues de Bach ? Nous les trouverons trop sévères. Haydn, Mozart même, après Beethoven, ne saurait plus nous suffire. Leur art nous donnera l'impression d'un divertissement exquis, d'un plaisir presque divin, mais d'un plaisir. Dans l'art de Beethoven seul nous trouverons la représentation de la vie, ou plutôt la vie elle-même. *Ecce Deus*, dirait-on de Mozart. Mais de Beethoven : *Ecce homo*. Pour la première fois, voilà l'homme, l'homme moderne, l'homme tout entier. M.

Grove a fixé le point où cette humanité s'affirme et se déclare : c'est la seconde symphonie, en *ré* : « Elle est le dernier sommet du monde antérieur à la révolution, du monde des Haydn et des Mozart. Elle est la plus haute cime que pouvait atteindre Beethoven avant de se jeter en des régions nouvelles et merveilleuses où personne avant lui n'avait pénétré, dont personne même n'avait rêvé, mais qui sont devenues par lui notre plus cher domaine et porteront son nom pour l'éternité. »En même temps que l'art, Beethoven a transformé l'artiste et l'a affranchi. « Les musiciens du XVIIIe siècle étaient communément au service des archevêques ou des princes. Ils portaient la poudre, la perruque, l'épée et l'habit de cour. Ils passaient leur temps à saluer, à faire antichambre ; ils dînaient à la table des valets ; on pouvait abuser d'eux et les mettre à la porte comme les autres domestiques. Forcés de régler leur conduite sur l'étiquette et de subordonner leurs émotions aux lois du *décorum* et de la tenue, il leur était malaisé de changer d'attitude en se mettant au travail, et de donner à leurs pensées et à leurs sentimens le cours libre et naturel auquel leur état faisait un perpétuel obstacle. » Beethoven, le premier, brisa de ses mains rudes toutes les conventions, toutes les contraintes sociales ou mondaines. Indomptable et farouche, il serait mort plutôt que de dépendre et de servir. Il ne vécut point aux gages d'un maître ; il ne fut pas le musicien d'un salon, d'une cour ou d'une chapelle, mais son propre musicien, le musicien de sa vie, de son âme à lui, et la liberté de sa condition égala, assura peut-être la liberté de son génie.

Il est deux aspects ou deux modes généraux de la vie et de l'être, qui sont aussi les deux modes et comme les deux pôles de la musique. L'un est la contemplation, l'autre l'action. De ces deux états, avec tous les degrés, toutes les variétés et les nuances qu'ils comportent, il n'existe pas de plus puissante représentation musicale que la symphonie de Beethoven. Vraiment les adagios de Beethoven contemplent, et ses allégros agissent. Sans doute, la contemplation d'un Beethoven diffère de celle d'un Palestrina. Aussi sereine parfois, elle est souvent moins divine. Elle peut être religieuse pourtant, car c'est bien du ciel que tombe à certain moment sur le funèbre cortège de l'*Héroïque*, sur le second morceau de la symphonie en *la*, je ne sais quel rayon de consolation et d'espérance. Et puis, et surtout la contemplation de Beethoven ne ressemble pas à la langueur et à l'extase, à la tendre et pieuse rêverie. Mais comme elle est profonde et pour ainsi dire intense ! Jamais jusqu'aux *adagios* du maître, la musique n'était descendue, n'avait creusé aussi avant dans la pensée humaine. Rappelez-vous un de ces mouvemens lents, quel qu'il soit : marche funèbre de l'*Héroïque*, *andante* de la quatrième symphonie ou de la *Pastorale*, *adagio* de la symphonie avec chœurs. De telles mélodies ont porté la lumière ou l'ombre, la joie ou la douleur, en des régions où les sons n'avaient pas encore pénétré. Elles nous ont découvert à nous-mêmes des horizons ou des abîmes nouveaux ; en chacun de nous elles ont prodigieusement élargi les cercles du Paradis et de l'Enfer, ceux de la béatitude infinie et de l'infinie tristesse.

Rappelez-vous au contraire l'un des mouvemens vifs — premier morceau, *scherzo*, finale — d'une symphonie. Souvenez-vous de certains débuts, de tel ou tel développement, des secondes reprises ou des codas, ne fût-ce que d'un passage comme celui qui relie le scherzo et le finale de la symphonie en ut mineur. Songez à tous les combats de Beethoven et à toutes ses victoires ; à tout ce qu'il y a dans ses neuf chefs-d'œuvre, non plus de contemplatif et de profond, mais d'allant et de vif ; à tout ce qui se meut ou s'élance ; à tout ce qui marche, à tout ce qui court, à tout ce qui vole ; à tout ce qui veut surtout, et d'une volonté incessamment tendue, parfois contrariée, mais toujours courageuse, indomptable et à la fin triomphante. Vous comprendrez alors non seulement quelle étendue la symphonie de Beethoven a donnée à la pensée, mais quelle énergie, quelle efficacité à l'action ou à l'acte. Se proposant toujours un but sublime, elle ne manque jamais d'y atteindre. Elle n'y atteint pas sans effort, sans souffrance et je dirai presque sans mérite, car il semble que le mérite, cette beauté morale, ne soit point étranger à un art d'où nulle beauté n'est absente. Dans la symphonie de Beethoven, l'action tantôt se concentre et se ramasse (premier morceau de la symphonie en *ut* mineur) ; tantôt, comme dans le premier morceau et le finale de l'*Héroïque*, dans le finale de l'*ut* mineur, elle se développe au contraire et magnifiquement se déploie. Cette action enfin est progrès. Jamais elle ne recule, ne se détourne ou ne s'arrête. Elle est une promotion constante vers un degré supérieur de l'existence et de la force. On dirait que les mélodies de

Beethoven participent de la nature des âmes et de leur vocation. Elles semblent nées de Dieu pour retourner à Lui, mais pour retourner à Lui plus précieuses et plus belles. Ainsi la symphonie en son cours ajoute sans cesse quelque chose au prix, à la beauté de l'âme mystérieuse qui l'anime. Ainsi Beethoven rend toujours plus qu'il n'a reçu ; et s'il est prodigieux que le début d'une symphonie *Héroïque*, que sept ou huit pauvres sons vivent véritablement, qu'un principe de vie soit en eux, ce n'est pas un moindre miracle que la vie en eux s'accroisse sans cesse, et qu'à la fin de la symphonie on les retrouve parvenus à la plénitude et à la totalité de leur être.

Au point de vue de la force que la musique peut renfermer et produire, rien n'approche de la symphonie de Beethoven. Mais en même temps qu'une force, — et par là s'achève la perfection de sa beauté, — la symphonie de Beethoven est un ordre. Le premier morceau de la plus libre, de la plus spontanée entre toutes les symphonies, l'*ut* mineur, est du commencement à la fin en parfait accord avec les règles qui gouvernent toute composition musicale, fût-ce une sonate de Haydn ou de Pleyel. Or, ces règles n'ont rien d'arbitraire. Elles ne furent point édictées par la volonté ou le génie d'un seul, qu'un génie supérieur un jour peut contredire. Elles ont résulté peu à peu du lent progrès de la musique depuis les plus rudes chants populaires, depuis les premières compositions de Josquin des Prés et de Palestrina. Elles se sont affirmées et maintenues à travers le développement et la libre évolution de la musique. Les instrumens ont pris la place des voix, la musique est sortie de l'église et s'est alliée au monde ; les règles sont demeurées aussi fermes, aussi rigoureuses que celles qui déterminent la production d'un orme ou d'un chêne, sans porter aucune atteinte à la liberté des apparences et à la variété splendide des formes. Au fond ce sont plus que des règles, ce sont des lois ». — Et plus loin, répondant à ceux qui seraient tentés de célébrer surtout la fantaisie et je ne sais quelle prétendue irrégularité du premier morceau de l'*ut* mineur, M. Grove poursuit éloquemment : « Non, non, ce n'est pas la désobéissance à la loi qui fait la symphonie en *ut* mineur si grandiose et si extraordinaire ; ce n'est pas l'irrégularité ni l'improvisation. C'est l'obéissance à la loi, c'est le caractère original et frappant des idées, c'est la façon immédiate dont elles sont exprimées, c'est la prodigieuse énergie qui les enfonce en nous, toutes chaudes encore, incandescentes et lumineuses, comme le jour où elles furent en quelque sorte forgées sur l'enclume ; c'est tout cela qui fait la symphonie en *ut* mineur ce qu'elle est et ce qu'elle sera éternellement ».

Oui, c'est l'ordre autant que la force qui fait le génie d'un Beethoven ou d'un Napoléon. C'est l'ordre autant que la force que reconnut et salua ce vieux soldat qui, entendant éclater le finale de la symphonie en *ut* mineur, se leva tout droit et s'écria : « L'Empereur ! » Mais son empereur même était moins grand. Des deux mondes créés par un Beethoven et par un Napoléon, le monde de Beethoven est le plus parfait et le plus divin. Il est le monde idéal, où la matière n'a point de part, où le mal et la mort n'ont pas de prise, où la force ne saurait être injuste, aveugle, ni criminelle, où l'ordre ne sera jamais ni troublé, ni détruit.

CAMILLE BELLAIGUE.

1. ↑ Bossuet.
2. ↑ *Non si puô aver maggior signoria che quella di se medesimo.*
3. ↑ Voir, dans la *Revue* du 1er mai 1890 : *la Musique au point île vue sociologique.*
4. ↑ Voir les articles du professeur Kuhac et du docteur Heinrich Reimann dans l'*Allgemeine Muzikzeitung* des 6, 13, 20 octobre 1893, et 20 juillet, 3 et 17 août 1894. (Cité par M. Grove.)
5. ↑ *Which lets drop.*
6. ↑ Thomas Carlyle, *les Héros.* — Traduction et introduction par M. Izoulet-Loubalières ; Paris, Colin et C°, 1890.
7. ↑ *Beethoven's Unsterbliche Geliebte,* von Mariam Tenger ; Bonn, 2e Auflage, 1890. C'est à cette brochure que nous avons emprunté — quelquefois textuellement — les détails qui suivent.